새들은 머문 자리를 기억하지 않는다

우리詩 시인선 078

새들은 머문 자리를 기억하지 않는다

이화인 시집

우리詩 움

시인의 말

시를 쓰는 일은 축복이다.

시집을 낼 때마다 후회하지만
시집을 내야 한다는 강박관념이 더 컸다.
어떤 시는 매번 기회를 놓치고
이십여 년 만에 시집으로 들어왔다.

다시, 봄이다.
새들이 새벽부터 시를 물고 와 단잠을 깨운다.
제주에 사는 새들은 부지런하다.

2024년 봄날에
두모악 필운재에서

|차례|

시인의 말 •5

제1부 봄

꽃이 피어야 봄은 온다 •13
낙화 •14
용서 •15
기도의 힘 •16
눈부처 •17
개불알꽃 •18
입춘 •19
환상의 조화 •20
길일 •22
얼레지꽃 •23
사랑도 •24
그것은 사랑이다 •25
냉이꽃 •27
난감하다 •28
구원의 기도 •29
실패 •30
꽃자리 •31
갈매기의 꿈 •32

제2부 여름

사랑론 •37
무인도 연가 •38
벼랑에 •39
은총 •40
시인 •41
동자꽃 •42
더덕 넝쿨 •43
터럭 •44
불쏘시개 •45
하찮은 풀꽃조차 •47
난들 어쩌겠어요 •48
비양분교 •49
임산부석 •50
꽃게 •51
가시를 바르며 •52
조계사 회화나무 •53
천상화 •54
둥글다 •56

제3부 가을

바람의 경전 •59
낮달 •60
꽃노을 •61
먹을 만하다는 말 •62
화살나무 •63
구두쇠 •64
어머니의 무명수건 •65
어미 •67
매미 •68
인생 별곡 •69
비스듬하다 •70
우리가 꽃이라면 •72
눈먼 파랑새의 기도 •73
잡초 •75
거시기 •76
개밥바라기별 •78
돌무덤 •79
갈매기 •80

제4부 겨울

첫눈이 오면 •83
꽃의 전령 •84
극락전 •85
헐벗은 몸으로도 •86
미황사 •87
민달팽이 •88
막사발 •89
인생은 똥 볼이다 •90
곡비 소리 •91
너라는 별 •92
살 만한 세상 •93
잘난 서열 •94
깃발 •95
아빠는 나를 알아보실까 •96
너를 만나기 위해 •98
작은 천국 •100
이 겨울 또한 지나가리라 •101
극락강 건너 만평장례식장 •103

제5부 다시, 봄

봄은 오고 싶을 때 온다 •107
부처꽃 •108
고해苦海 •109
사는 일 •110
무지렁이로 산다 •111
경칩, 청개구리 •112
악귀로 산다 •113
무불사無佛寺 •114
새들은 머문 자리를 기억하지 않는다 •115
주둥이 •116
때 •117
진여眞如 •118
무소유 •119
배웅 •120
수석 •121
크리킨디 벌새 •122
내 가슴에 응달진 옴팡집 한 채 •123
시절 인연 •124

제1부

봄

꽃이 피어야 봄은 온다

양지꽃 제비꽃 얼음새꽃 괭이밥꽃
작고 보잘것없는 꽃들에 이끌려
봄은 뭉그적대며 온다

자줏빛 개불알꽃이 실바람을 부르면
잡초처럼 나지막이 들꽃 길 따라
봄은 못 이기듯 그제야 온다

봄이 와야 꽃이 핀다는 말은
허튼소리다
꽃이 피어야 봄은 찾아온다.

낙화

마지막 가는 길이 저리도 가벼울까?
저녁노을에 하루를 마무리하는 새의 혀처럼
열두 살 계집아이 벙그는 젖꼭지처럼
달빛을 머금고 화들짝 꽃을 피우더니
갈 길이 멀다고,
아무런 걸림이 없다고,
동안거冬安居 마치고 나서는 산문.

용서

내가 꽃피울 수 있는 가장 아름다운 꽃이요

내가 할 수 있는 가장 숭고한 일이다

내가 신에게 다가가는 가장 지름길이다.

기도의 힘

몹쓸 역병이 돌던 그 겨울
봄이 죽었다고
봄은 절대 오지 않을 거라던 그해에도
봄은 거짓말처럼 왔다

기도의 힘은
늘
길 끝에서 새길이 시작되고
막장 앞에서 통하는 곳이 보였다

그것은 기적이 아닌 기도의 힘이었다
간절한 기도의 힘은
절박한 고비마다 꽃으로 피었다.

눈부처

그대의 눈동자에 사랑이 산다
그대의 눈동자에 미움이 산다

그대를 사랑스러운 눈으로 바라보면
사랑이 나를 반겨 주고
그대를 미움의 눈으로 바라보면
미움이 나를 맞아 준다

그대를 바라볼 때마다
나를 맞이하는 사랑과 미움이
그대 눈에 비친 내 모습이었다

그대의 눈만큼
사랑스러운 눈을 본 적 없다.

개불알꽃

봄을 물고 온 살랑바람에
좁쌀만 한 꽃들이 피었다

온 동네 똥개들이
장난치고 간 게 분명하다

수캐들 거시기 닿은 곳마다
무더기 무더기로 피어나는
개불알꽃.

입춘

삼동三冬 쌓인 눈을 녹이는 고추바람의 입술소리
목마른 나무가 물을 길어 올리는 두레박 소리
잠을 깬 씨앗들이 땅속에서 덤벙대며 소란스러운 소리
등걸에 벌레가 헌 집 버리고 새집으로 이사하는 환호 소리
매화나무 가지마다 눈을 뜨고 꽃 벙그는 소리

만물이 황홀한 반란을 꿈꾸는 날이다.

환상의 조화

부처님오신날이 눈앞에 다가온
용문사 오르는 새벽길

한쪽 팔이 없는 중년 남자와
작은 쌀 봉지를 옆구리에 움켜쥔
한쪽 다리가 긴 아낙이
손을 맞잡고 걷는다

길은 가팔라
서로에게 발을 맞춘 듯
한 걸음 내디딜 때마다 그리웠다고,
기다리고 있었다고,
머리가 맞닿을 만큼 가까워지고 멀어진다

서로 끌어당기지 않아도
적당히 가까워지고 적당히 멀어지는
환상의 조화다

지나온 길이 어렵고 힘들어도,
갈 길이 더 험하다 해도,

기꺼이 헤쳐 나가자고.

길일

내 생애에서 가장 길일은
생일날이 아닌 내가 죽는 날

태어날 땐 나도 모르게 나와
억울해 많이도 울었지만
죽는 날은 내가 알고 가는 날

이승에서 지은 죄 죄다 마무리하고
그래도 남는 죄는 곱게 싸서 가시 등에 얹고
봄바람에 꽃잎 지듯 그리 가고 싶다.

얼레지꽃

풀도 외로울 땐 하늘을 향하여
시린 가슴을 열고

그리움이 지치면 풀도 몸속에
지워진 추억을 깁는다

하늘이 열리면 풀은 잠에서 깨어
빈곤한 삶의 두레박을 드리우고

단 하루를 살기 위하여
바람 앞에서 황홀하게 춤을 추었다

잊어라, 하루를 사는 길이면
단 하나 목숨도 버려야 한다.

사랑도

하루만 살면 그 섬에 가리
세상사 근심 걱정
파도에 묻고

열흘만 살면 그 섬에 눌러앉아
달빛 초롱 걸어 놓고
귀밑머리 풀어 주리

검은 돌담 너머
파도가 온종일 제 몸 내리쳐
섬이 섬을 낳고
바위가 바위를 낳는

단 하루만 산다면 그 섬에서
너를 안고
파도를 베고 누우리

그것은 사랑이다

안개 속에 묻혀 보이지 않는 돌탑에
간절히 기도할 때가 있다
그것은 사랑이다

그대가 안개 속에 있을 때
그대의 슬픔을 볼 수 있다면
그것은 사랑이다

슬픔은 슬픔으로 보고
기쁨은 기쁨으로 볼 수 있다면
그것은 사랑이다

그대 슬픔의 부피만큼
내가 눈물을 흘릴 수 있다면
그것은 사랑이다

그대 기쁨의 무게만큼
내가 가슴이 벅차 요동친다면
그것은 사랑이다.

바람이 불지 않아도
우리가 풍경이 되어 올 수 있다면
그것은 진정 사랑이다.

냉이꽃

내 생애 몇 바퀴를 돌고 돌아서
전생에서 인연으로 너를 만나
우리는 비바람 치는 삶에
어둠을 등지고 바람의 길을 나서지만
오늘도 부서진 별을 안고 돌아오는 길
삶은 그리도 녹록지 않아라
하루하루가 꽃길이길 기도해도
돌아오는 길은 비바람 치는 너덜길
삶이 너무 외롭고 쓸쓸해도
처진 내 어깨를 짓눌러도
너와 가는 이 길은
하늘마저 외면한 버럭더미 길
내가 가는 이 길이 너덜길이라 해도
나는 이 길을 가리
다음 생에서 너를 다시 만나
꽃길을 걸을 때까지.

난감하다

화엄사 각황전 부처님은 참 난감하시겠다

탱글탱글 홍매화 꽃망울 터지는 소리에
눈을 뜰 수도 감을 수도 없어
부처님은 참 난감하시겠다

꽃샘추위에 잠시 잠깐 봄꿈 속을 거닐다
코를 간질이는 홍매화 향기에
부처님은 참 괴로우시겠다

적막강산 초사흘 눈썹달에 화들짝 놀라
난분분 날리는 홍매화 꽃비에
부처님은 참 애절하시겠다

꽃은 다시 피고 져도
그 꽃이 이 꽃인지 이 꽃이 그 꽃인지
부처님은 참 헷갈리시겠다.

구원의 기도

내가 누군가를 위하여 기도드릴 때
누군가 나를 위해 기도하고
내가 누군가를 위하여 노래 부를 때
누군가 나를 위해 노래 불러 주었네
내가 누군가를 위하여 어둠 길 갈 때
누군가 나를 위해 손을 내밀고
내가 누군가를 위하여 눈물 흘릴 때
누군가 나를 위해 눈물 닦아 주었네
그대여,
사랑하는 그대여,
그대가 잠 못 이루고 외로움에 지칠 때
나는 그대를 위하여 기도하고
그대를 위하여 구원의 노래를 부르리
우리가 함께 가는 이 길은 사랑의 길
험난한 가시밭길 고난의 길이어도
나는 주저하지 않고 이 길을 가겠네
나는 뒤돌아보지 않고 이 길을 가겠네.

실패

작은 돌멩이에 걸려 넘어져도
큰 바위에 넘어지진 않는다

낙담하지 마라

사는 일이
기쁨과 슬픔의 연속이듯
성공과 실패도 연달아 찾아온다

기쁨은 아껴 두고
실패는 잘 보듬어 주어라

신은 사랑하는 만큼만
성공과 실패를 주신다

실패 많은 놈이 마지막 웃는다.

꽃자리

그대가 꽃이라면
나는 나비가 되리

활짝 핀 꽃도 좋고
피다 만 꽃이어도 좋으리

바람 불어 꽃자리에
꽃 이파리 날려도

진 꽃자리 꽃 진 자리
머물다 가리.

갈매기의 꿈

바다가 아무리 넓어도
날개가 있으면
저 물 끝에 닿을 수 있고

파도가 아무리 거세도
용기가 있으면
푸른 초원을 날 수 있지

어둠이 아무리 깊어도
꿈을 갖는다면
해 뜨는 곳에 갈 수 있고
낯선 포구에 편히 쉴 수 있지

내가 두려운 것은
거친 바다 세찬 파도가 아니야!
캄캄한 어둠 속 비바람도 아냐!

내가 진정 두려운 것은
외로움도 두려움도 아니야!

꿈을 놓지 않으면,
꿈을 잃지 않으면,

제2부

여름

사랑론

목숨과도 바꿀 수 없는 사랑을
사랑하지 않는다고
말할 때가 있다

목숨보다 소중한 사랑을
자진하듯
버려야 할 때가 있다

개똥보다 못한 사랑 앞에
구걸하듯
목숨을 걸 때가 있다.

무인도 연가
 - 지귀도

태풍이 몰아친다는 일기예보에
일부러 작은 배를 몰고 나가
조난하고 싶은 섬

너와 둘이서 석 달 열흘쯤
꼭꼭 숨어 살고 싶은 섬

구조가 끊기고 먹을 게 떨어져도
햇살 미끼로 낚싯대 들이밀고
별빛 파도 베개 삼아
석 삼 년쯤 살고 싶은 섬.

벼랑에

벼랑에서 뛰어내리는 낙화처럼
온몸으로 부딪쳐라
겁내지 말고 산산이 부서져라

겁이 없다는 것은
더는 잃을 게 없는 것

부딪치고 부딪쳐 부서질 때마다
상할 대로 상한 저 물결 저 바다
속속들이 바꾸어라.

은총

말복 날 집을 나간 똥개 밥그릇
깨진 개밥그릇에 빗물이 고여
둥근달이 둥실둥실 떠오르고
별들이 반짝반짝 빛나고.

시인

시인은
시작은 있어도 끝이 없다
정년도 명퇴도 없다

시를 쓰는 일이
여문 벼처럼 햇볕에 고개 숙이고
바람 앞에 몸 여밀 줄도 알아야 한다

시가 밥이 될 순 없지만
하늘만큼 소중히 여겨야 한다

꽃 한 송이 피우기 위하여
외롭고 고통스러운 강을 건너야 한다.

동자꽃

굽이굽이 돌고 도는 열두 굽잇길에
인연의 잔불은 구만리여라

그리움 평생토록 묻고 지웠어도
저 타는 석양빛보다 더 붉어라

날 저문 저승길 가시덤불 속에
외로이 흔들리며 피어 있는 꽃

그리움 염원으로 꽃을 피웠어도
외로움에 이내 지는 아기동자꽃.

더덕 넝쿨

더덕 넝쿨이 죽은 나무를
기어오르고 있다

죽은 나무를 위해
자줏빛 꽃등을 달아 주고
향기도 전해 주려고 기어오르고 있다

한발 비켜선 허공이
더덕 넝쿨손을 살포시 잡았다

그곳에 칠월 땡볕도 녹이는
강물이 흐르고 있다.

터럭

소소한 일로 부부싸움에 밤새 잠 못 들고
뒤척이던 아내를 바라본다

돌이켜 보니, 원인은 나였다
문득, 아내 속가슴에 박혀 있는 터럭 하나

전생에 심어 놓고 미처 뽑아 주지 못한
아내의 생살을 먹고 자란 작은 터럭 하나

먼 훗날 가시 되고 날 선 비수가 될
다음 생에 들보만큼 자랄 터럭 하나.

불쏘시개

시를 퇴고하자
내 가장 오랜 독자인 아내가
거짓말쟁이란다

사십 년이 다 되도록
제대로 몸 한 번 뜨겁게
달궈 준 적이 없는데
내가 쓴 시는
용광로보다 뜨겁단다

오, 그랬구나!
오늘 밤엔 열 일을 제쳐 두고
아내도 나도 뜨겁게, 뜨겁게
제대로 한 번 달궈 보자

방바닥을 새카맣게 태워도 좋고
몸에서 누린내가 나도 좋다
열기로 소방차가 달려와도 괜찮아

그렇지만 어쩌나,

이제 내 몸엔 불쏘시개 할
번개탄조차 필요 없으니.

하찮은 풀꽃조차

기쁨 속에 피는 꽃은 없다

피를 토하는 심정으로
절박한 마음이 온 힘을 다할 때
꽃으로 피었다

이 하찮은 풀꽃조차도.

난들 어쩌겠어요

누군가 나에게 물었다
사랑은 왜 하느냐고

스쳐 가는 한 줄기 바람인들
난들 어쩌겠어요

밤사이 댓돌에 소복이 쌓인 눈을
난들 어쩌겠어요

가랑비가 뇌우를 불러올 줄
난들 어쩌겠어요

지나치는 바람에 지는 꽃대
난들 어쩌겠어요

죽은 고목에 꽃 다시 피는데
난들 어쩌겠어요

꽃은 피는 줄만 알았는데
지는 일도 꽃인 걸 난들 어쩌겠어요.

비양분교

교실은 작아도 운동장은 바다 끝
파도가 수시로 올라와 시퍼렇게 멍들고 간다

수업 시간 시작도 소라가 나팔을 불어 주고
학생은 단 두 명 오누이 눈망울이 초롱초롱하다

예쁜 선생님을 보려고
샛노란 민들레가 창문 너머로 까치발 하고
얼떨결에 눈 마주친 애기동백꽃이 붉다.

임산부석

더 큰 우주를 꿈꾸는 사람 중에서
먼 미래를 사랑하는 여자를 위한 자리

아무리 저돌적이고 힘이 세고 지위가 높아도
사내에겐 절대 허용되지 않는
신이 선택한 여자만이 앉을 수 있는 자리

하느님이 준다 해도
내가 죽는 날까지
언감생심 앉을 수 없는 자리.

꽃게

안면도에서 갓 잡아 보낸
꽃게 한 상자

먼 길 오느라 멀미하는지
톱밥 속에서 게거품 물고 발버둥 친다

생의 끝이
꽃게 무침 한 접시인데

아직도 더 쥘 게 있는지
집게발 두 개 허공을 꽉 쥐었다.

가시를 바르며

생선 가시를 발라낸다

대들보처럼
제 몸에 큰 가시를 심어 놓고
미움이 싹틀 때마다 더 자라지 못하도록
잔가시 하나씩 심었다

가시는
지키고 이겨 내야 할 계율처럼
남을 공격하기보다
자신을 다스리는 저지선이었다

한때, 미움으로 가시를 키운 적 있다
가시는 무럭무럭 자라서
누군가를 찌르려 할 때마다
먼저 나를 찔렀다

그에게 주려던 아픔보다
더 큰 아픔이
내 안에 상처로 돌아왔다.

조계사 회화나무

조계사 오백 살 된 회화나무는 수심이 가득하다
찾아오는 보살마다 간절한 소원 하나씩 매달았다
- 남편 승진 시켜 주세요,
- 늙다리 아들놈 장가들게 해 주세요,
- 딸년 시험 합격 시켜 주세요,
- 금쪽 같은 손주들 무병장수 빌고 또 빕니다

지나가는 스님마다 기우는 돌탑 위에
묵직한 돌 하나씩 올려놓았다
- 이생에서 성불하게 해 주세요,
- 인연의 잔불마저 일지 않게 해 주세요,
- 다음 생에 태어나지 않게 해 주세요

빼꼭히 매단 소망 등에 가지가 굽고 휘었다
- 저도 맨날 맨날 행복을 꿈꾸지만,
전생에 지은 업을 이리 갚는 중이지요.

천상화

엄마가 사는 하늘나라는 너무 멀어서
불러도 소리쳐도 들리지 않고
눈으로 볼 수 없는 머나먼 나라

엄마가 사는 하늘나라는 멀고 멀어서
내가 찾아갈 수 없고
엄마가 찾아와야 만날 수 있는 곳

엄마는 그곳이 너무 바빠서
내가 보고 싶어 기다려도 올 수 없고
잠든 꿈속에서만 찾아온다

엄마는 거기서도 가난한가 보다
여기서 입던 옷을 그대로 입고
어떤 날은 낡은 옷을 입고 온다

엄마 사는 하늘나라는
누구나 한 번씩 가야 한다지만
나는 엄마가 보고 싶어 빨리 가고 싶다

엄마는 예쁘고 마음씨도 고와서
예쁜 꽃처럼 살았으면 좋겠다
하늘나라에 피는 꽃으로 살았으면 좋겠다.

둥글다

토란잎에 빗방울이 둥글다
빗방울이 진지하게 뿌리를 내리고 있다
달랑달랑 흔들리고 흔들리면서 진통을 겪고 있다
둥글다는 것은 원만하다는 일
삼십 년 세운 각을 무너뜨린 아내의 얼굴이 둥글고
벼려 온 날 무뎌진 입술이 둥글다
꼭두새벽 새길을 틀 때
희망을 퍼 담은 두레상에 고봉밥이 둥글다
돌아보니 아주 멀리 왔다
높은 곳일수록 둥글게 굽히자
무뎌진 각조차 만들지 말자
발을 헛디디는 꿈에 지레 놀란 굼벵이처럼
몸을 오그려 둥글게 움츠리곤 했다
오금조차 펴지 못했다
빗방울이 오금을 펴는 순간
물빛도 화려하게 잎사귀에서 쪼르르 미끄러진다
온전하려면 날도 각도 무너뜨리라는
둥글어야 한다는 것을 이내 잊었다.

제3부

가을

바람의 경전

바람이 불면 나무는 전생을 기억한다
비바람이 치는 날이면
나무는 전생의 기억을 기록한다
바람의 힘을 빌려 경전으로 기록하지만
해독하는 사람은 없다
전생을 다녀온 사람이 전생을 기억하고
전생을 기억하는 사람이 경전을 기록한다
나는 오늘도 포장마차 불빛 아래에서
바람의 경전을 기록한다
늦은 밤 포장마차에서 별을 찾는 사람만이
별들도 외롭다는 것을 안다
별들도 전생을 기록하는 것을 안다
별들이 어둠 속에서 깜박이는 것은
전생의 기억 속에서 헤매기 때문이다.

낮달

저 이쁜 도둑 좀 봐,

백주白晝 대낮에
능선을 몇 개나 뛰어넘고도
시치밀 떼네

개새끼도 짖질 않네.

꽃노을

너울너울 꽃 너울지는
화사한 꽃그늘에

사르락 사르락
은사銀絲 날개 밀잠자리

꽃불 타는 꽃노을 하늘빛
뽀얀 손톱 달이

사부작사부작 까치발로
먼 길을 떠난다.

먹을 만하다는 말

음식을 먹을 때 먹을 만하다고
말하면 맛있다는 뜻이다
귀한 음식에 입맛을 맞춘다는 뜻이다

아니, 아니, 그게 아니다

할머니의 할머니, 그 할머니의 먼 먼 할머니가
피붙이가 죽어 나가는 큰 흉년 굶주림에
눈에 띄는 초근목피 뜯어 놓고
먼저 먹어 보고 죽지 않고 그럭저럭 견딜 만할 때
눈물에 절은 그렁그렁한 목소리로
– 어여, 어여들 먹으라고
지아비와 피붙이에게 권하던 말이다

금은보화가 귀하다 한들
먹거리만큼 귀한 게 없던 시절에
조상의 피맺힌 삶의 말씀이다.

# 화살나무

누가 쏘았을까?

큐피드가 쏜 사랑의 화살은 아니다

그대, 겨울의 전령이여!

상강霜降이 쏜 화살에

붉은 심장을 움켜쥐고 피를 토하는

너는.

구두쇠

근검절약이 몸에 밴 어머니는
깨진 동전 한 푼에
서 푼 돈을 아끼지 않으셨다

내가 첫 출근 하던 날
큰맘 먹고 사주신 구두에
말발굽처럼
밑창에 쇠 굽을 박았다

잘 뚫린 신작로 길을 걸을 때면
한 걸음 뗄 때마다
구두 뒷굽에서
어머니 말씀이 들렸다

아들아!
어떻게든 살아야 한다
매사에 절약해라.

어머니의 무명수건

긴 가뭄에 논을 묵힌 어머니는 추석이 다가올수록 생각이 많았다
타들어 가는 농사만큼이나 걱정이 앞섰다
닷새 만에 돌아오는 오일장은 사흘 굶은 종갓집의 제사만큼 자주 돌아왔다
그날도 잠을 설친 어머니는 새벽같이 서둘러 하얀 무명수건을 두르고 어린 나를 앞세우고 읍내 장으로 갔다.
멀건 죽 한 그릇에 이십 리 길을 걸어서 점심 때가 다 되어서야 도착하였다.
어머니는 조심스럽게 시장 안을 서너 바퀴 돌아보고 나를 후미진 모퉁이에서 기다리게 한 뒤 낡은 두레 멍석을 깔아 놓은 곳에서 가져온 보퉁이를 조심스럽게 풀었다.
삼단같이 검고 고운 어머니의 머리카락이었다.
얼굴에 개기름이 잘잘 흐르는 뚱뚱한 중년의 아저씨가 어머니의 손에 얼마의 돈을 건네주자 어머니는 얼굴을 살짝 붉혔다.
어머니와 아저씨가 나눈 이야기는 멀리서 훔쳐보는 나에게 잘 들리지 않았다.

벌써 여러 사람이 다녀갔는지 멍석 위에 머리털 뭉치가 수북이 쌓이고 시장을 보는 아주머니들도 하나같이 머리에 수건을 둘렀다.
　그날, 나는 눈깔사탕을 사 달라고 어머니를 조르며 떼를 쓰던 철부지였고, 어머니 몰래 약병아리 두 마리를 망태에 넣어온 병약하신 아버지가 먼발치에서 연초 담배를 연신 말아 피우며 헛기침만 하고 계셨던 것을 먼 훗날에야 알았다.

어미

고비 사막에 사는 유목민은
새끼 낙타가 죽으면 어미가 보는 앞에서
모래 속에 묻어 주었다
어미의 눈에서 흐르는 뜨거운 눈물에
수수만 년 달궈 온 뜨거운 모래사막도
슬픔을 주체하지 못하고
바람이 불 때마다 몸을 들척이며
하루에도 몇 번씩 높다란 언덕과 골 깊은
골짜기를 쌓았다 부쉈다
새끼를 잃은 어미는 몇 날 며칠 곡기를 끊고
주인이 켜 주는 구슬픈 마두금 소리를 듣고서야
남은 새끼에게 젖을 물렸다.

매미
- 미친 사랑의 노래

전생에 정인情人 하나 있었네
비천한 내 사랑을 접어 두고 딴 사랑을 따라갔네
서럽게 울며불며 떠나갔네
먼 훗날 바람결에 한평생 날 못 잊고
더 멀리 떠났다는 기별도 있었네

뙤약볕에 두렁두렁 콩밭을 매다가
달빛 초롱 걸어 두고 길쌈을 하면서도
베틀 쪽잠에 불쑥불쑥 내 생각을 하였네
검은 머리 곱게 잘라 미투리 삼고
베옷 한 벌 곱게 짓던 정인이 있었네

늦더위에 창밖에서 밤낮으로 울며불며
피 울음을 토하며 망부가를 부르다
찬 서리에 풍장 할 미친 사랑이 있네

전생에 깨진 인연 이승에서 못 이룬 사랑
다음 생에나 이루자고 미친 듯이 절규하는
미친 사랑의 노래를 부르네.

인생 별곡

갈바람에 바스러질 마른 들풀이리
가진 것 없어도 행복하네
삶에 돌개바람 몇 차례 지나가고
빈 그릇 몇 년 두드렸어도
내 작은 뜰에 철 따라 꽃이 피고
연년이 새가 날아들었네
잘난 자식은 제 살붙이 챙기려고
얼굴 잊은 지 아득하고
못난 자식은 굴곡진 내 그림자
휠 것 같은 등짐이어라
나를 낳아 준 부모님을 볕살 고운
야트막한 비탈밭에 뉘였으니
이만하면 족하지 뭘 더 바랄까?
난 이젠 웃으며 떠날 수 있네

청사초롱에 불 밝혀라
불을 밝혀라
삼현육각에 풍악 울려라
풍악을 울려라.

비스듬하다

비스듬하다는 말에는
생소함 속에 따스함이 스며 있다

새벽마다 나팔을 불기 위하여
힘겹게 기어오르는 나팔꽃 어린 넝쿨에
비스듬히 자리를 내준 나무에서

사선으로 비스듬히 내리는 달빛이
초록 잎사귀에 곤히 잠든 민달팽이에
살포시 이불이 되어 줄 때

할 일 다 하고 내려놓듯
비스듬히 누운 나무가 삶이 힘든 나무의
허리를 힘겹게 받쳐 줄 때

빼꼭하게 우뚝 서 있는 나무들 사이로
밝은 햇살이 비스듬히 내릴 때
보는 이 마음이 따스하다

저물녘 비스듬히 비치는 석양빛에

고단한 하루를 떨쳐 내는
늙은 농부의 허리가 가슴에 아리다
온전히 펼 수 없는 부부의 저 구부정한.

우리가 꽃이라면

어느 하늘 아래 어느 낯선 곳에서
너를 만나 사랑하고
우리가 꽃이 될 수 있다면
너와 내가 나누었던 사랑의 밀어가
찬란한 꽃밭을 이루리
우리가 꽃이 될 수 있다면
너는 각시붓꽃이 되어
외롭고 쓸쓸한 산모루에 별을 심어
희망과 기쁨을 주리니
나는 초롱꽃으로 피어
저문 길 홀로 걸어가는 삶에 지친
가난한 연인을 위하여
어둠의 길을 비추리
세찬 비바람에도 희미한 등불 하나
너 오는 길을 밝히리.

눈먼 파랑새의 기도

얼마나 아파야 사무치게 아파야
하늘을 자유롭게 날 수 있을까!

얼마나 울어야 애절하게 울어야
내 노래를 부를 수 있을까!

얼마나 기도해야 간절히 기도해야
상한 가슴을 눈물로 씻을 수 있을까!

하루하루 떠돌아 구름 능선길에
한 걸음 한 걸음이 천애 벼랑길

날 저문 하늘가에 노을이 꽃 피어도
외롭고 덩그러니 버려진 영혼아

얼마나 날아야 쉬지 않고 날아야
꺾인 날개를 멈출 수 있을까!

얼마나 기다려야 애타게 기다려야
영혼에 평화의 햇살이 비칠까!

얼마나 기도해야 간절히 기도해야
당신의 손길에 닿을 수 있을까!

잡초

잡초에 치어
상추가 보이지 않는다

상추는 내가 심고
잡초는 하늘이 심고

하늘은 상추보다
잡초를 더 사랑한다

잡초처럼 살아온 나도
하늘의 사랑이었다.

거시기

성급하게 말을 하거나
하려던 말을 깜박 잊었을 때
엉겁결에 나오는 말

딱히 뭐라 말하기에 난처하거나
서로 부자연스럽고 남사스러울 때
불쑥 튀어나오는 말

어느 때 어느 곳에서 말해도
할머니도 엄마도 일곱 살 동생도
쉽사리 알아듣는 말

세상에서 가장 많이 담아낼 수 있고
가장 넓게 쓸어안을 수 있는
함부로 써도 책임질 일이 없는 말

말하는 너도
듣는 나도
마음 편히 쓸 수 있는 말

나라에서조차 인정받아
표준말로 당당히 대접받는 말씀
거시기

- 아따! 거시기 껄쩍지근하네.

개밥바라기별*

어슴푸레 동트는
꼭두새벽 길

옷깃을 붙드는 이
그 누구신가?

징검징검 건너온
해쓱한 달님

걸망 속에 넣어 준
통감자 한 알.

*개밥바라기별 : 금성

돌무덤

아가 아가 우리 아가 내 가슴에 묻은 아가
외진 산길 모롱이에 너를 두고 가는구나!
낮에는 산새들이 너를 찾아와 놀아 주고
밤에는 달과 별이 너를 위하여 비추리라

아가 아가 우리 아가 꿈에서나 너를 보랴
천 길 만 길 벼랑 길에 너를 두고 가는구나!
비가 오고 눈이 오면 너 혼자서 어찌할까
달도 별도 없는 밤엔 너 혼자 어찌 잠들까

아가 아가 우리 아가 어디 간들 너를 잊으랴
너덜겅 길 잔돌 밭에 너를 두고 가는구나!
무덤가에 꽃이 피면 내가 온 줄 알아라
냇물 소리 조잘대면 자장가로 잠들어라.

갈매기

가자, 더 먼 곳으로
어미 새가 재촉하였다

갈매기가 머물 곳은
크건 작건 섬뿐이야

우리는 바다가 밥이고
놀이터이고 무덤이지

물꽃으로 핀 물거품처럼
바다에서 나고 죽는 게야

사람들이 흙에서 나와서
불꽃처럼 자신을 불태우고
흙으로 돌아가는 것처럼.

제4부

겨울

첫눈이 오면

집을 나간 무더위가 얼어 죽었다는 부고장이다
가을이 끝물이라는 알림장이다
남아 있는 삶을 헤아려 보는 계산서이다
겸허하게 살겠다는 그날의 일기장이다.

꽃의 전령

한파가 몰려온다는 기별에
눈발이 듬성듬성 치더니 이내 폭설이 내렸다
인해전술로 온 세상을 점령해 버렸다

겁도 없이
작은 뱁새 한 마리
개선장군처럼 눈 속을 뚫고 날아왔다

- 꽃들이 가까이 왔어요.

극락전

내가 꽃길을 걸어갈 때
뒤돌아본 하늘은 먹구름이 가득하고

내가 너덜길을 걸어갈 때
뒤돌아본 하늘은 꽃노을이 가득했네

아, 삶은 아름다워라!
아름답지만 서글퍼라!

아, 삶은 서글퍼라!
서글프지만 아름다워라!

다시 이 길을 간다 해도
한 점 망설임 없이 이 길을 가리니

눈비 치는 너덜길 살얼음 강을 건너
극락전 지붕에 내리는 새벽 눈처럼.

헐벗은 몸으로도

산 그림자 서둘러 다녀가고
새들이 밥을 구하려고
그 속을 날아갔다

세상의 모든 길은 묻히고 끊겨
오랜 기억처럼 지워지고
눈은 쌓이고 내리는데

혼쭐 놓친 늙은 설해목
깨우침 소리

빈산에 헐벗은 몸으로도
아직 멀었다고.

미황사

미황사에 가면
늙고 가난한 눈먼 부처가 빛바랜 절에 산다
배가 고프면 한 평 남새밭에서 머위를 뜯고
흐르는 계곡물로 배를 채운다
기왓장이 쩡쩡 금이 가는 섣달그믐이면
함박눈이 펑펑 내려 빈 쌀독에 소복이 담아 놓는다
부처는 첩첩 산 땅끝 먼바다까지 내려다보고도
아는 게 없다고 손사래 친다
하루해 느지막이 내려오는 산 그림자와
기별도 없이 불쑥불쑥 올라오는 바닷바람과
멀뚱멀뚱 내려다보고만 가는 뜬구름이 친구다
하루 내내 적막을 쓸어 담던 풍경 속 물고기도
외롭고 너무 외로워서
잉잉 울면서 바람 따라 먼바다로 떠났다
미황사 눈먼 부처를 위하여
바람은 팔만 사천의 경을 큰 소리로 읽고
구름은 시시때때로 아랫마을로 띄워 보낸다.

민달팽이

노루 꼬리만큼 남은 햇살이
민달팽이 뿔에도 내려앉는다

하늘은 꽃불 타는 꽃노을
하르르 붉고

오랜 궁리이듯 젖은 길 멈추고
깊은 사유에 잠긴다

문패를 걸어 놓을 집은 없어도
온 세상이 집이다

오늘은 지독한 절망에 머물러도
내일은 더 큰 희망이 기다린다.

막사발

밥알이 덕지덕지 말라붙은
이 빠진 개밥그릇이
말복 날 집을 나간 주인을 기억한다

한 시절은
헛기침으로 이른 하루를 열었던
할배의 진지 그릇이고

한 시절은
그 할배의 기억을 오롯이 담아 내던
손자의 밥그릇이다

태생은 천하지만
이름 없는 산골 불가마에서
인정 많은 늙은 옹기장이 그려 준
당초 문양을 평생 가보처럼 품어 왔다.

인생은 똥 볼이다

산다는 일은 똥 볼의 연속이다
번번이 헛발질의 연륜이다

혼돈의 일상에서 허우적거리며
산전수전 다 겪고 난 후

켜켜이 쌓인 실패 더미를 딛고
한 발 한 발 올라가 마지막 순간
나만의 꽃을 피우는 일이다

누굴 원망하랴!
활짝 핀 꽃도 피다 만 꽃도
내가 피운 꽃이다.

곡비 소리

겨울나무에 귀신이 산다

봄 봄
봄이 오려면 아직도 이른데
잔설을 딛고 서 있는 나무에서 들려오는
귀신을 부르는 곡비 소리

봄을 갈망하는 나무에 깊숙이 휘둘리는
귀신들이 울부짖는 소리

잉 잉
봄은 아직도 멀기만 한데
철딱서니 꽃샘바람에 쫓겨 황급히 도망치는
아기 귀신 채근 소리

혼비백산 달아나느라 신발이 벗겨지고
뒤꿈치 까지는 소리.

너라는 별

밤하늘에 반짝이는 수많은 별 중에
너라는 별 하나
깜깜한 어둠 속에서 볼 수 있는 별처럼
아프고 아파해야 아픈 만큼만 보이는
너라는 별 하나
외롭고 쓸쓸하여 한없이 무너지는 날
독한 고독보다 한발 먼저 찾아오는
너라는 별 하나.

살 만한 세상

얼어붙은 겨울 산에 꽃 한 송이 피어
새봄을 불러오고
이슬 한 방울이 흐린 강물을 맑게 한다면
얼마나 좋을까!
어둑새벽에 새 한 마리 부르는 노래가
긴 밤을 깨우고
천년 폐사지에도 소소리바람이 불어와
눈 뜬 풍경 소리가
외롭고 상처받은 영혼을 달래 준다면
얼마나 살고 싶은 세상일까!

큰 것도 아니요 대단한 것도 아닌
아주 작은 하나가 세상을 바꿀 수 있다면
얼마나 좋을까!
얼마나 살 만한 세상이 될까!

잘난 서열

술집에 가면
말이 없고 술값 낸 놈은 된 놈이다

말은 많아도 술값 낸 놈은 싹수 있는 놈
말도 없고 술값도 안 내는 놈은 치사한 놈

말도 많고 술값도 내지 않는 놈은
상종 못할 개쌍놈이다.

깃발

하나의 깃발로 나부끼고 싶다
기쁨도 슬픔도 하나 되어
노래하고 춤추고 싶다
이제 더는 늦출 수 없다
아직도 늦진 않았다
산은 산끼리 아우르고
강은 강물로 여울지고
꽃들이 꽃에 몸을 기대고
새들이 입을 모아 노래하는데
삼천리강산에 봄은 또 오고
녹슨 철조망에도 꽃은 피는데
우리가 두려울 게 무엇이냐
얼었던 가슴에 새봄이 오고
움켜쥔 흙 한 줌도 꽃이 피는데
하나의 깃발로 나부끼고 싶다.

아빠는 나를 알아보실까

애벌레가 낡은 허물을 벗고
햇봄에 빛살 고운 나비가 되듯
이승에서 저승으로 갈 때
헌 옷 훌훌 벗고 새 옷으로 갈아입는데

아빠는 내가 어려서 떠나시고
철부지 망나니짓에 속을 많이 상했는데
저승에 가면 아빠가 나를 알아보실까!
내 기억조차 잊고 사는지도 몰라

어깃장 난 내 행동에 아직껏
응어리진 멍울 풀어놓지 못하고
일부러 못 본 체할지도 몰라
아빠를 만나면 잘해 드릴 수 있는데

어릴 적 못다 한 마음까지 할 수 있는데
이름도 지위도 오를 만큼 지니고
이제는 돈도 쓸 만큼 벌었는데
그때는 철이 없어 그랬다고 고백할 수 있는데

함박눈이 내리면 아빠 등에 옹이로 박힌
날품 팔던 지겟다리 내려놓고
포장마차에서 따끈한 대폿잔도 마음껏
사드릴 수 있는데

자식을 낳아 키워 보니
이제야 아빠 마음을 이해할 수 있는데.

너를 만나기 위해

나는 너를 만나기 위해 몇 억 광년의 먼 별에서 쉼 없이 달려왔다
나는 너란 꽃을 피우기 위해 하고많은 낮과 밤을 지새우며
피고 지는 꽃들을 지켜봐야 했다
나는 네가 바닷가 조약돌일 때 긴 세월을 너를 부르며 온몸으로 부딪치고 부서지는 파도였다
나는 너의 이름을 부르기 위해 일생에 단 한 번 우는 새가 되어 천년을 벙어리로 살아야 했다

어둠 속에서 빛나는 수많은 별 중에서 너를 만나기 위해
천 리 길을 마다치 않고 달려가는 바람이다가
그림자 없는 나무로 천 년을 더 기다리다가
한 줌 흙으로 돌아갈 날까지 천 년 또 천 년을 기다리는 바위였다
너를 만나기 위해 기다리는 내 마음은
천년만년 내리 장장 녹아내리는 만년설이었다

너와 헤어지고 다시 만나기까지는 그만큼
또 그만큼의 세월을 다시 보내야 한다
나는 너를 만나기 위해.

작은 천국

노스님 방에는 칠이 벗겨진
앉은뱅이 탁자 위에 작은 우주가 놓여 있다
틈틈이 길을 묻는 경전 한 권
더불어 사는 이들을 위한 딱딱이 목탁 하나
느슨한 마음을 붙잡아 줄 손때 절은 염주 한 줄
비탈진 산골짝 옴팡진 절집에 도둑눈이 소복이 쌓이면
산새가 먼저 찾아와 발자국 찍어 길을 트고
후미진 처마 밑에서 퍼부어 대던 숫눈발 그치길 기다리던
새끼 고라니 풍경 소리에 놀라 달아나는.

이 겨울 또한 지나가리라
- 코로나

빈산에 나뭇가지마다 눈이 소복이 내려 쌓이고
새들은 맨발로 날아와 언 눈을 쪼아 먹다
슬픈 눈동자로 포로롱 날아간다
새들이 앉았던 자리에 폴폴 눈꽃이 날리고
희망의 꽃눈이 움튼다
이 겨울이 지나가면 봄은 다시 오리라
잔혹한 겨울을 이겨 내려는 사람들의 얼굴마다
새카맣게 꽃이 핀 검버섯과 고난을 견뎌 내려는
몸부림의 주름살이 가득하다
얼었던 강물이 몸을 풀면
흐르다 멈춰 버린 강물은 다시 흐르고
상처투성이 황량한 이 벌판에도
상처가 아문 자리마다 꽃은 다시 피어나고
새들도 돌아와 희망을 노래하리니
예전처럼, 나는 내일을 위하여 밭을 갈고
씨를 뿌리고 아이들의 나무를 심으리라
이 겨울이 지나가고
앞으로 돌아올 겨울도 그렇게 지나가리니
꽃이 피고 새가 노래하는 새봄은

언제나 다시 시작되리니
훗날, 이 겨울이
누구는 혹독하였다고 기억하고
누군가는 이겨 낸 아픈 기억마저 망각하리라.

극락강 건너 만평장례식장

그의 장례식장 가는 길은
하늘 먼 곳 어딘가에 있을 극락에 이르는 길
그 길을 따라 극락강* 건너 만평장례식장
가난한 소작농으로 태어나 한 평 꽃밭이 소원이던
안 해 본 고생이 없을 만큼 바쁘게 살아왔지만
죽는 날까지 게딱지만 한 집 한 채 가진 적 없어
그늘막 응달에서 소작 인생으로 살더니
죽은 뒤에야 소원을 이루었다
좁쌀 같은 풋 햇살이 내리는 정월에
죽어서 만 평 땅을 갖는다는 만평장례식장
그가 하얀 국화꽃밭 속에서 활짝 웃고 있다
다시는 돌아올 수 없는 극락강을 건너
지주도 소작도 없는 정토에 들었다.

* 극락강 : 광주광역시 극락강역에 흐르는 영산강

제5부
다시, 봄

봄은 오고 싶을 때 온다

봄이 오는 것을 수선화가 먼저 안다
실낱같은 촉으로 실눈을 뜨고
초록 잎으로 부끄럽게 손을 내미는
꽃샘바람이 몇 날 며칠 시샘해도
수선화 노란 꽃향기 봄이 왔다고
새와 바람과 별에 속삭인다

봄은 오고 싶을 때 찾아온다

기다리지 않아도 봄은 오고
기다리는 사람이 없어도 봄은 온다
애타게 기다리던 사람은 속이
타들 만큼 타들어야 봄이 찾아오고
오는지 가는지 기다리지 않는 사람은
홀연히 불쑥 봄이 온다.

부처꽃

산은 영산靈山에
빛 좋은 화엄사 길

물소리 깊고
산새 소리 고아라

샛바람아 불어라
꽃자리 펴라

아득한 구천 길
꽃불 타는 부처꽃.

고해苦海

꽃들이 얼마큼 꽃을 피워야 나도 꽃을 피울 수 있을까?
꽃들이 얼마큼 꽃이 되어야 나도 꽃이 될 수 있을까?
강물이 세월처럼 흐르고 흘러서 먼바다에 이르는 것처럼
세월이 강물처럼 흐르면 나도 무심의 바다에 이를까?
꽃은 바람이 주는 상처만큼 굳게 피어나고
눈비에 젖은 눈물만큼 향기로운 꽃이 된다
세월의 상처가 꽃이다
세월의 상처를 얼마나 더 안아야 내가 꽃으로 피고
무심의 바다에 이를 수 있을까.

사는 일

하루살이 떼는
하루를 살아도 천년처럼
오지게 살다 가고

천둥 번개는
자신을 불태워 점멸의 순간을
영원처럼 가르친다

나는 칠순이 지났지만
너울 치는 생멸의 강 외줄 타기에서
내려설 길을 잃었다.

무지렁이로 산다

갈매기는
치고 부서지는 파도를 희롱하며
일생을 다 보내고

뜬구름은
뭉치고 흩어지는 이별의 별리에서
하늘을 희롱한다

배롱나무 꽃숭어리는
백일 홍상紅裳 애써 꽃을 피워 대도
수십 해 넘기 어렵고

빈산에 걸린 낮달처럼
나는 시 한 줄에 발목이 붙들려
평생 무지렁이로 산다.

경칩, 청개구리

동안거 마친 청개구리 한 마리가
개골개골 새 세상을 열고 소리친다

깨침은 해도 공부 안 해도 공부라고
내려치는 파도처럼 때로는 꿈결처럼

사는 법도 모르면서 죽음이 두려우냐고
죽는 법도 모르면서 삶을 노래한다고.

악귀로 산다

봄 여름 가을 겨울 철철이 꽃이 피고
일 년 열두 달 나날이 새가 노래하는 곳
신선으로 와 칠십 해 훌쩍 넘도록
염치없이 걸식 귀 악귀로 산다

다시 올 수 있다면,
다시 보내 주신다면,

며칠을 천역賤役 역마살 악귀로 산다 해도
하루하루 깃털처럼 가볍게 살다
신선처럼 훨훨 돌아가리라.

무불사 無佛寺

연꽃이 소담스럽게 피고 진 연방죽에
시월 하늘이 깊숙이 잠기고
묵직한 산 그림자 느지막이 찾아드니
부처 없는 절에 돌탑 하나 들어섰다
노을이 아낌없이 붉게 타고
먼 길 떠난 오리 떼가 참배하러 왔다가
부처도 없고
노스님도 나들이 중이라
물 위에 낙관만 찍어 놓고 날아간다
풍경이 빈 바람만 날려 보낸다.

새들은 머문 자리를 기억하지 않는다

작은 입으로 폭포수를 쏟아 내도
입술은 젖지 않고

불 화산의 격렬한 화염을 토해 내도
입술은 타지 않는다.

한평생 애지중지 모아 놓은 재물도
눈감으면 티끌에 불과하고

하늘만큼 올려놓은 권세와 지위도
갈바람에 뒹구는 낙엽이다.

지는 꽃은 훗날을 기약하지 않고
새들은 머문 자리를 기억하지 않는다.

주둥이

서산 마애불은 잔잔한 미소로
천 년 부처의 향기를 전하는데

물고기는 아가리로 낚싯바늘에 목숨 걸고
호리병은 주둥이로 먹고 누길 다 한다

가수는 명곡 하나에 평생 목이 쉬고
정치인은 독설을 풀어 큰 화를 부른다.

때

달은 강물이 말라야
잠수할 수 없음을 안타까워하고

들풀은 무서리가 내려야
겨울이 다가왔음을 안다

자식이 눈 밖에서 맴돌 때
부모 굽은 등이 보이고

제법諸法은 변하지 않는데
만물萬物은 변치 않음이 없다.

진여眞如

몽돌은 파도에 씻기고 부대껴야 반들거리고

풍경은 비바람에 맞서 부딪쳐야 울림이 깊다

천년 부도밭에 불변의 가르침도 이끼가 돋고

굳게 닫힌 산문 앞에서 칼바람도 숨을 멈춘다.

무소유

새들이 날아가는 하늘이 새의 것 아니요
바람이 휘돌아 가는 허공이 바람의 것 아니다

물고기가 헤엄치는 강물이 물고기 것 아니요
뿌리가 움켜쥔 흙 한 줌이 나무의 것 아니다

동천冬天 먼 길 날아와 내려설 곳 헤매는
희끗희끗 성긴 눈발 것이다.

배웅

당신과 걸어온 길이 비바람 친 날도 있지만
꽃 피고 새 우는 날 더 많았지
캄캄한 어둠 속에서 내 손 잡아 주고
눈물 고비마다 안아 준 당신
여보 고마워요
이제 당신의 손을 놓을래요
먼 훗날 노을빛 얹고 나를 찾아올 때
내가 먼저 떠나가서 당신이 오실 길에
한 아름 꽃을 뿌려 놓고 기다릴래요
갈 길이 멀고 험해도
가야 할 길이 외롭고 두려워도
내가 먼저 떠나가서 꽃씨를 심을래요
당신을 위하여 꽃길을 만들래요
사랑하는 당신은 그 꽃길로 오세요.

수석

천년 묵언 수행하시더니
몸에 꽃이 피었습니다
단단한 먹돌도 속을 비우니
돌이 꽃이 되었습니다

만 년 면벽 수행하시더니
까막돌 등신불로 오시어
천년만년 시들지 않을 꽃
모란 국화가 피었습니다

춤 잘 추는 나비도 불러들여
사부작사부작 춤을 춥니다.

크리킨디 벌새

별 하나가 어둠을 물리칠 수 없지만
별 하나가 새벽을 불러온다

크리킨디 벌새가 물어 오는 물 한 방울이
아프리카 밀림의 산불을 끌 수 없지만
야성의 밀림을 천국으로 만든다

보라!
나 하나 이 세상을 바꿀 수 없지만
나 하나 버려 세상을 꿈꾸게 한다.

내 가슴에 응달진 옴팡집 한 채

천 리 먼 곳 홰치는 닭 울음소리에
난공불락 어둠이 물러가고

만 리 먼 곳 봄 까치 노랫소리에
꽁꽁 언 얼음 틈새에 꽃이 핀다

실낱 같은 꽃향기 고추바람 거스르고
천 리 너머 멀리멀리 스미는데

내 가슴에 응달진 옴팡집 한 채 지어
만 리 먼 곳 내 마음 한 자락 붙들고

날마다 눈물로 밥을 짓는 그대여!
천년만년 피고 지는 가냘픈 꽃이여!

시절 인연

산벚꽃은 얼음송곳에 자지러지도록
진저리 쳐야 꽃순을 내밀고

상사화는 이파리를 모두 버리고서야
춘정의 꽃대궁을 밀어 올린다

휘영청 보름달도 그림자만 걸어 놓은
그믐달도 한 몸 한 달이요

발 없는 달이 천 리 가고
몸뚱이조차 없는 향기는 만 리 가는데

바람은 부는 곳을 정하지 않고
눈은 내려설 곳을 탐하지 않는다.

우리詩 시인선 078
새들은 머문 자리를 기억하지 않는다

초판 1쇄 발행 2024년 5월 22일
지은이 이화인
발행인 홍해리
펴낸곳 도서출판 우리詩 움
등록번호 2021-000015호
등록일자 2021년 5월 20일
주소 01003 서울시 강북구 삼양로159길 64-9
전화 02) 997-4293
이메일 urisi4u@hanmail.net
ISBN 979-11-986887-2-9

값 10,000원

* 잘못된 책은 바꾸어 드립니다.
* 지은이와 협의하여 인지를 생략합니다.
* 이 책의 판권은 지은이와 도서출판 우리詩 움에 있습니다